Impressum
Verlag: BABADADA GmbH, Nedderfeld 112 , 22529 Hamburg
Geschäftsführer / Verlagsleitung: Harald Hof
Druck: Books on Demand GmbH, In de Tarpen 42, 22848 Norderstedt

Imprint
Publisher: BABADADA GmbH, Nedderfeld 112 , 22529 Hamburg, Germany
Managing Director / Publishing direction: Harald Hof
Print: Books on Demand GmbH, In de Tarpen 42, 22848 Norderstedt

école
mokykla

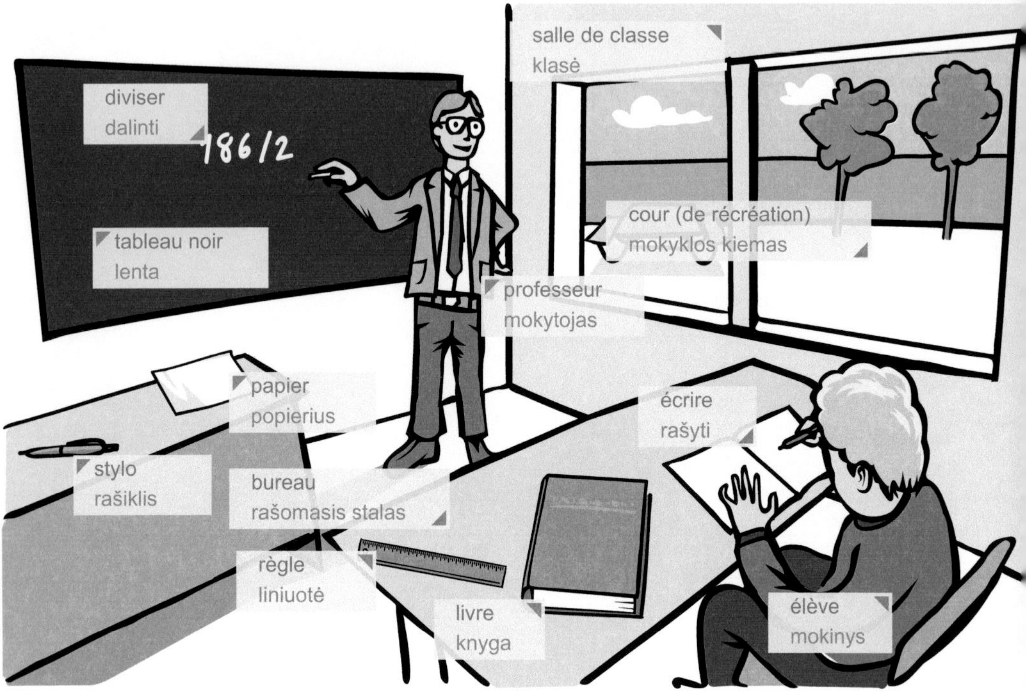
salle de classe
klasė
diviser
dalinti
186/2
tableau noir
lenta
cour (de récréation)
mokyklos kiemas
professeur
mokytojas
papier
popierius
écrire
rašyti
stylo
rašiklis
bureau
rašomasis stalas
règle
liniuotė
livre
knyga
élève
mokinys

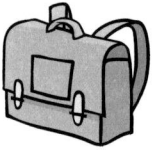

cartable

kuprinė

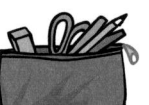

trousse

penalas

crayon

pieštukas

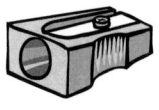

taille-crayon

drožtukas

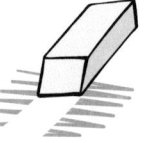

gomme

trintukas

carnet à dessin

piešimo bloknotas

dessin	pinceau	boîte de peinture
piešinys	teptukas	dažų dėžutė

ciseaux	colle	cahier d'exercices
žirklės	klijai	vadovėlis
	12	2+2
devoirs	chiffre	additionner
namų darbai	numeris	pridėti
5-2	2×2	
soustraire	multiplier	calculer
atimti	dauginti	skaičiuoti
A	ABCDEFG HIJKLMN OPQRSTU VWXYZ	hello
lettre	alphabet	mot
raidė	abėcėlė	žodis

texte

tekstas

lire

skaityti

craie

kreida

leçon

pamoka

livre de classe

dienynas

examen

egzaminas

certificat

pažymėjimas

uniforme scolaire

mokyklinė uniforma

formation

išsilavinimas

lexique

enciklopedija

université

universitetas

microscope

mikroskopas

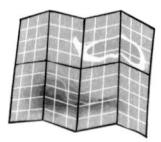

carte

žemėlapis

corbeille à papier

šiukšliadėžė

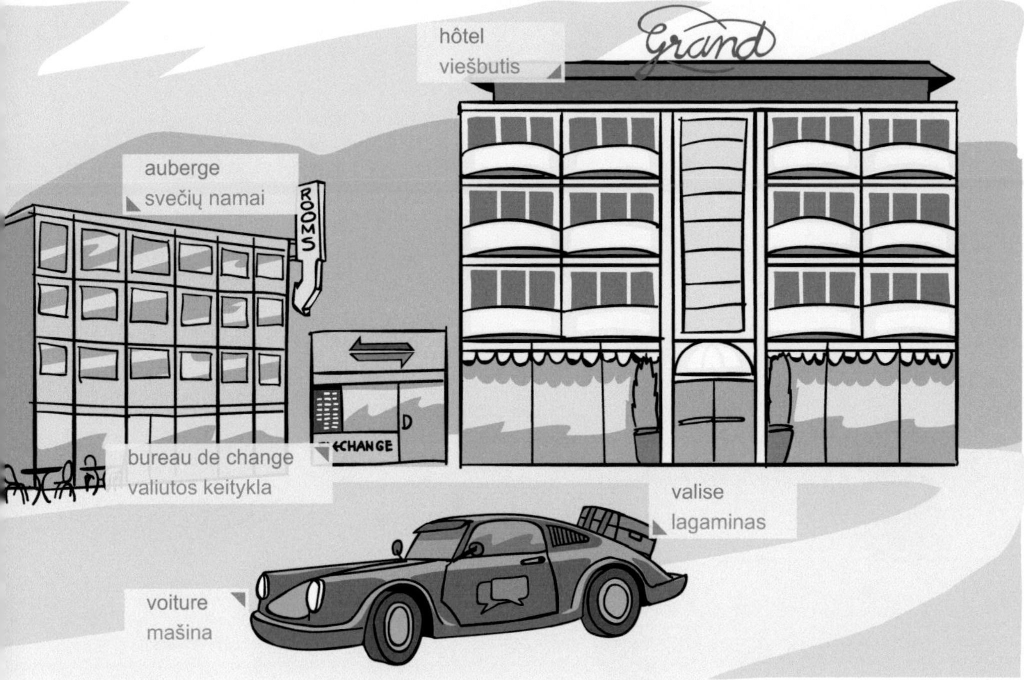

hôtel
viešbutis
Grand
auberge
svečių namai
ROOMS
bureau de change
valiutos keitykla
EXCHANGE
valise
lagaminas
voiture
mašina

langue

kalba

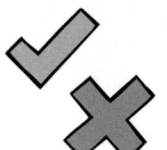

oui / non

taip / ne

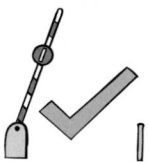

d'accord

Gerai

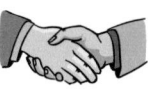

Salut

sveiki

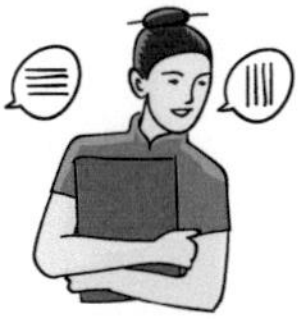

interprète

vertėjas raštu

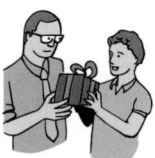

merci

Ačiū

Combien coûte...?

kiek kainuoja...?

Je ne comprends pas

aš nesuprantu

problème

problema

Bonsoir !

Labas vakaras!

Bonjour !

Labas rytas!

Bonne nuit !

Labos nakties!

Au revoir

viso gero

direction

kryptis

bagages

bagažas

sac

krepšys

sac-à-dos

kuprinė

hôte

svečias

pièce

kambarys

sac de couchage

miegmaišis

tente

palapinė

office de tourisme

turizmo informacija

plage

paplūdimys

carte de crédit

kreditinė kortelė

petit-déjeuner

pusryčiai

déjeuner

pietūs

dîner

vakarienė

billet

bilietas

ascenseur

liftas

timbre

pašto ženklas

frontière

siena

douane

muitinė

ambassade

ambasada

visa

viza

passeport

pasas

voyage - kelionė

transport
transportas

avion
léktuvas

navire
laivas

véhicule de pompiers
gaisrinė mašina

camion
sunkvežimis

bus
autobusas

bateau à moteur
motorinė valtis

voiture
mašina

bicyclette
motociklas

ferry

keltas

barque

valtis

moto

mopedas

voiture de police

policijos automobilis

voiture de course

lenktyninis automobilis

voiture de location

nuomojamas automobilis

auto-partage

bendras automobilio
naudojimas

voiture de remorquage

techninės pagalbos
automobilis

benne à ordures

šiukšliavežė

moteur

variklis

essence

degalai

station d'essence

degalinė

panneau indicateur

kelio ženklas

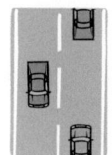

trafic

eismas

embouteillage

eismo spūstis

parking

mašinų stovėjimo aikštelė

gare

traukinių stotis

rails

bėgiai

train

traukinys

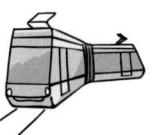

tramway

tramvajus

wagon

vagonas

hélicoptère

sraigtasparnis

aéroport

oro uostas

tour

bokštas

passager

keleivis

conteneur

konteineris

carton

dėžė

chariot

vežimėlis

corbeille

krepšys

décoller / atterrir

pakilti / nusileisti

ville

miestas

village

kaimas

centre-ville

miesto centras

maison

namas

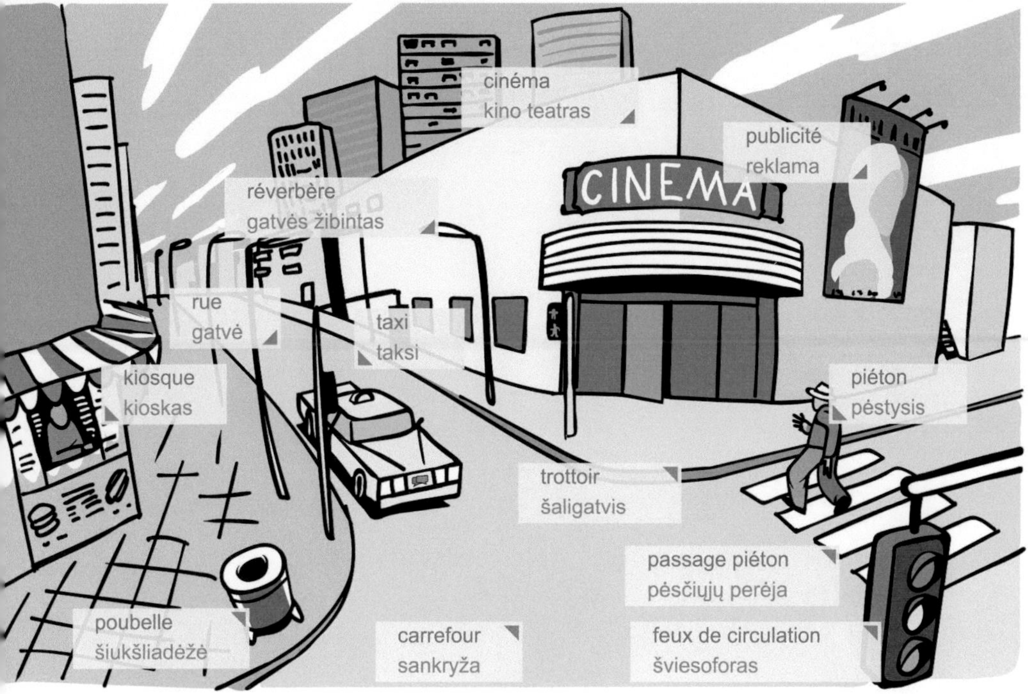

cinéma
kino teatras

publicité
reklama

réverbère
gatvės žibintas

rue
gatvė

taxi
taksi

piéton
pėstysis

kiosque
kioskas

trottoir
šaligatvis

passage piéton
pėsčiųjų perėja

poubelle
šiukšliadėžė

carrefour
sankryža

feux de circulation
šviesoforas

cabane
trobelė

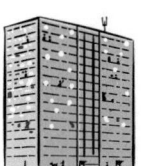

appartement
butas

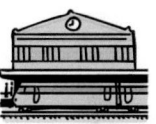

gare
traukinių stotis

mairie
rotušė

musée
muziejus

école
mokykla

université

universitetas

banque

bankas

hôpital

ligoninė

hôtel

viešbutis

pharmacie

vaistinė

bureau

biuras

librairie

knygynas

magasin

parduotuvė

fleuriste

gėlių parduotuvė

supermarché

prekybos centras

marché

turgus

grand magasin

universalinė parduotuvė

poissonnerie

žuvies parduotuvė

centre commercial

prekybos centras

port

uostas

parc

parkas

banque

suoliukas

pont

tiltas

escaliers

laiptai

métro

metro

tunnel

tunelis

arrêt de bus

autobusų stotelė

bar

baras

restaurant

restoranas

boîte à lettres

lauko pašto dėžutė

panneau indicateur

kelio ženklas

parcmètre

parkomatas

zoo

zoologijos sodas

piscine

baseinas

mosquée

mečetė

ferme

ūkininko ūkis

pollution

tarša

cimetière

kapinės

église

bažnyčia

aire de jeux

žaidimų aikštelė

temple

šventykla

paysage
kraštovaizdis

feuille
lapas

panneau indicateur
kelio rodyklė

chemin
kelias

pré
pieva

pierre
akmuo

arbre
medis

randonneur
ėjikas

rivière
upė

herbe
žolė

fleur
gėlė

vallée

slėnis

montagne

kalva

lac

ežeras

forêt

miškas

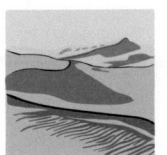

désert

dykuma

volcan

ugnikalnis

château

pilis

arc-en-ciel

vaivorykštė

champignon

grybas

palmier

palmė

moustique

uodas

mouche

musė

fourmis

skruzdėlė

abeille

bitė

araignée

voras

coléoptère

vabalas

grenouille

varlė

écureuil

voverė

hérisson

ežys

lièvre

kiškis

chouette

pelėda

oiseau

paukštis

cygne

gulbė

sanglier

šernas

cerf

elnias

élan

briedis

barrage

užtvanka

éolienne

vėjo jėgainė

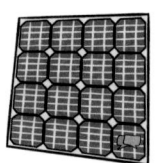

panneau solaire

saulės baterija

climat

klimatas

paysage - kraštovaizdis

restaurant

restoranas

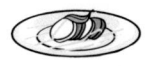

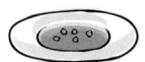

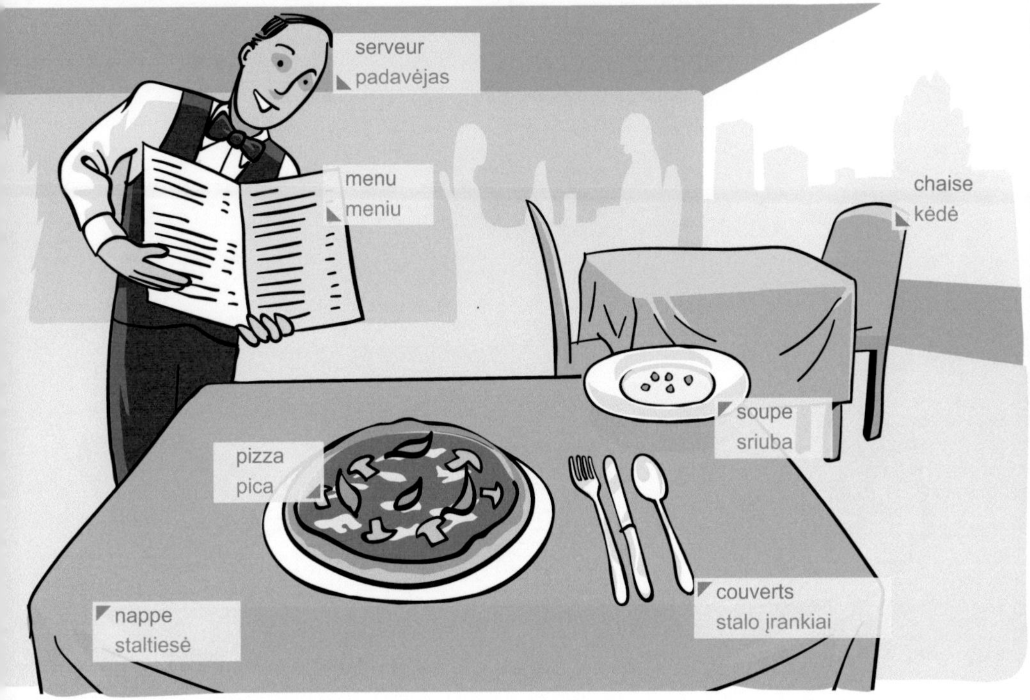
serveur
padavėjas
menu
meniu
chaise
kėdė
soupe
sriuba
pizza
pica
couverts
stalo įrankiai
nappe
staltiesė

hors d'œuvre

užkandis

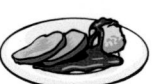

plat principal

pagrindinis patiekalas

dessert

desertas

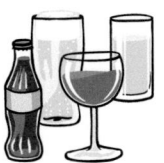

boissons

gėrimai

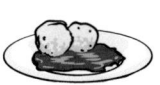

alimentation

maistas

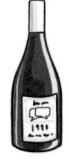

bouteille

butelis

fast-food

greitai pateikiamas maistas

plats à emporter

gatvės maistas

théière

arbatinukas

sucrier

cukrinė

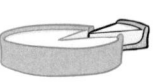

portion

porcija

machine à expresso

espreso aparatas

chaise haute

aukšta kėdė

facture

sąskaita

plateau

padėklas

couteau

peilis

fourchette

šakutė

cuillère

šaukštas

cuillère à thé

arbatinis šaukštelis

serviette

servetėlė

verre

stiklinė

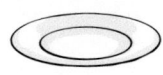

assiette

lėkštė

assiette à soupe

sriubos lėkštė

soucoupe

padėklas

sauce

padažas

salière

druskinė

moulin à poivre

pipirų malūnėlis

vinaigre

actas

huile

aliejus

épices

prieskoniai

ketchup

kečupas

moutarde

garstyčios

mayonnaise

majonezas

supermarché

prekybos centras

offre promotionnelle
specialus pasiūlymas
FOR
client
pirkėjas
produits laitiers
pieno produktai
fruits
vaisiai
chariot
troleibusas

BUTCHERS

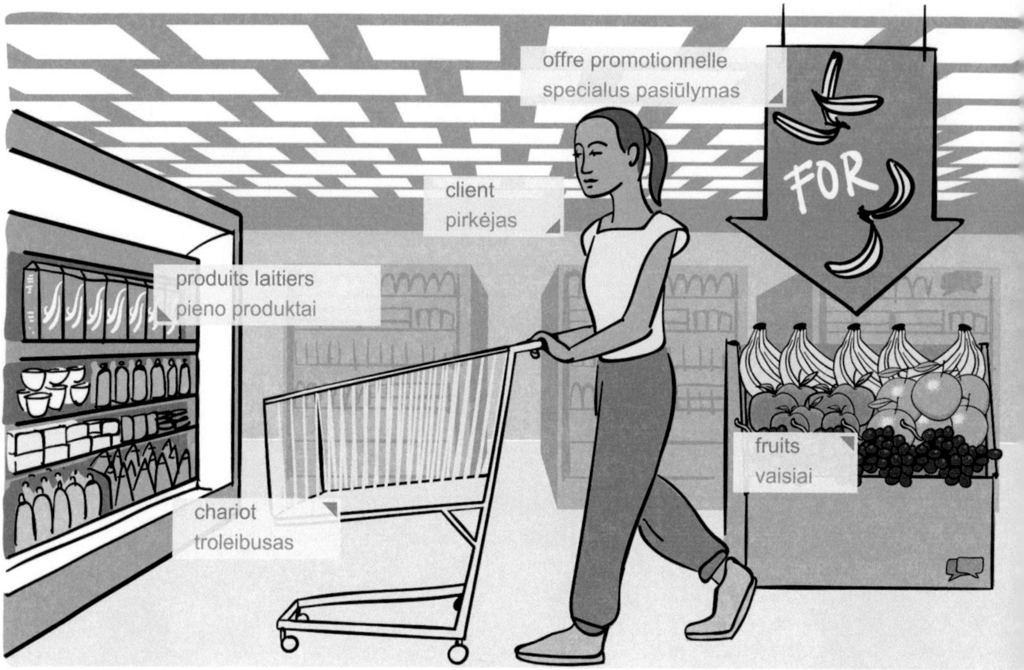

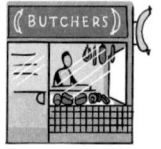

boucherie

mėsos parduotuvė

BAKERY

boulangerie

kepykla

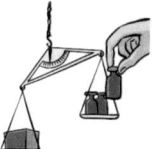

peser

sverti

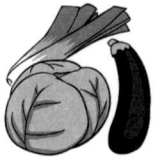

légumes

daržovės

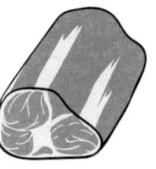

viande

mėsa

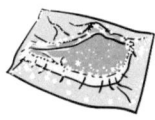

aliments surgelés

šaldytas maistas

charcuterie

šalti mėsos užkandžiai

conserves

konservai

poudre à lessive

skalbimo milteliai

bonbons

saldumynai

articles ménagers

ūkinės prekės

détergents

valymo priemonės

vendeuse

pardavėja

caisse

kasos aparatas

caissier

kasininkas

liste d'achats

pirkinių sąrašas

heures d'ouverture

darbo valandos

portefeuille

piniginė

carte de crédit

kreditinė kortelė

sac

maišelis

sac en plastique

plastikinis maišelis

eau

vanduo

jus de fruit

sultys

lait

pienas

coca

kola

vin

vynas

bière

alus

alcool

alkoholis

chocolat chaud

kakava

thé

arbata

café

kava

expresso

espresas

cappuccino

kapučinas

banane

bananas

pomme

obuolys

orange

apelsinas

melon

arbūzas

citron

citrina

carotte

morka

ail

česnakas

bambou

bambukas

oignon

svogūnas

champignon

grybas

noisettes

riešutai

pâtes

makaronai

spaghetti

spagečiai

riz

ryžiai

salade

salotos

pommes frites

traškučiai

pommes de terre rôties

keptos bulvės

pizza

pica

hamburger

mėsainis

sandwich

sumuštinis

escalope

pjausnys

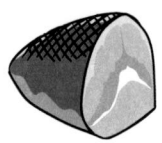

jambon

kumpis

salami

saliamis

saucisse

dešrelė

poulet

vištiena

rôti

kepsnys

poisson

žuvis

flocons d'avoine

avižų dribsniai

muesli

dribsniai su priedais

cornflakes

kukurūzų dribsniai

farine

miltai

croissant

prancūziškasis ragelis

petits-pains

bandelė

pain

duona

pain grillé

skrebutis

biscuits

sausainiai

beurre

sviestas

le fromage blanc

varškė

gâteau

tortas

œuf

kiaušinis

œuf au plat

kiaušinienė

fromage

sūris

glace

ledai

sucre

cukrus

miel

medus

confiture

uogienė

crème nougat

tepamas šokoladas

curry

karis

ferme
ūkininko ūkis

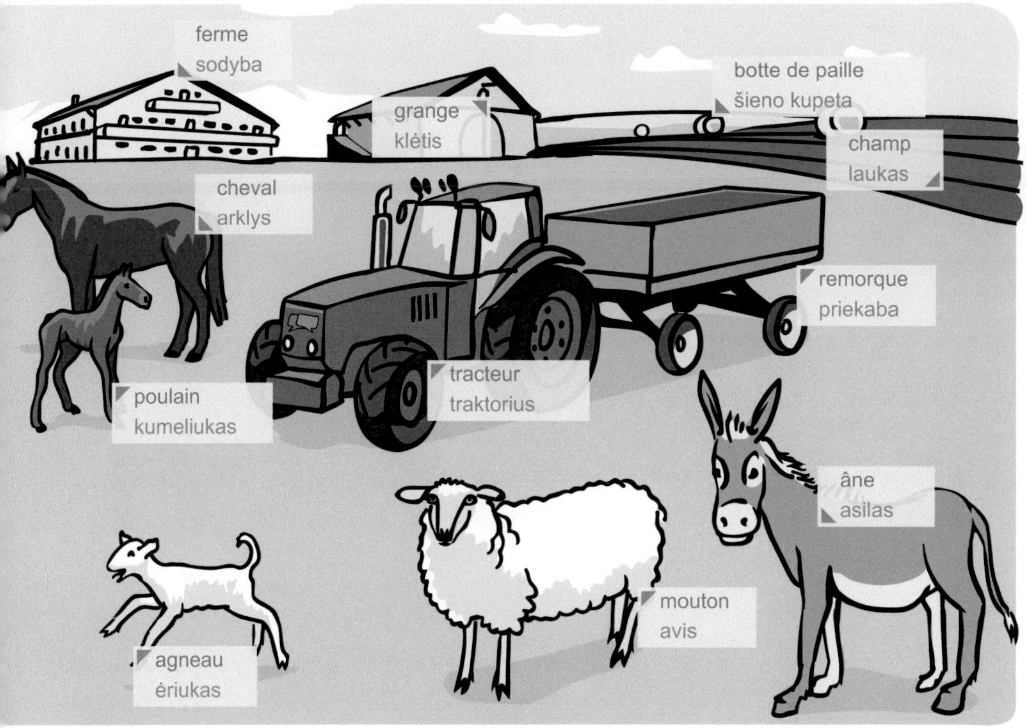
ferme
sodyba
grange
klėtis
botte de paille
šieno kupeta
champ
laukas
cheval
arklys
remorque
priekaba
tracteur
traktorius
poulain
kumeliukas
âne
asilas
mouton
avis
agneau
ėriukas

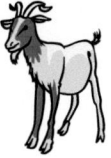

chèvre

ožys

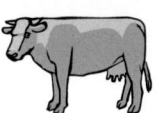

vache

karvė

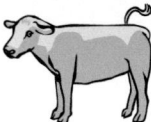

veau

veršis

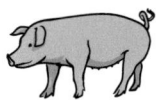

porc

kiaulė

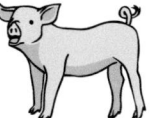

porcelet

paršelis

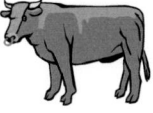

taureau

bulius

oie

žąsis

canard

antis

poussin

viščiukas

poule

višta

coq

gaidys

rat

žiurkė

chat

katė

souris

pelė

bœuf

jautis

chien

šuo

chenil

šuns būda

tuyau de jardin

sodo namas

arrosoir

laistytuvas

faucheuse

dalgis

charrue

plūgas

faucille

pjautuvas

pioche

kauptukas

fourche

šakės

hache

kirvis

brouette

statinė

cuve

lovys

pot à lait

bidonas

sac

maišas

clôture

tvora

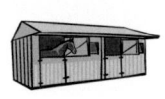

étable

arklidė

serre

šiltnamis

sol

dirva

semences

sėkla

engrais

trąšos

moissonneuse-batteuse

kombainas

récolter

rinkti

récolte

derlius

igname

saldžiosios bulvės

blé

kviečiai

soja

soja

pomme de terre

bulvė

maïs

kukurūzai

colza

rapsai

arbre fruitier

vaismedis

manioc

manijokas

céréales

grūdai

maison
namas

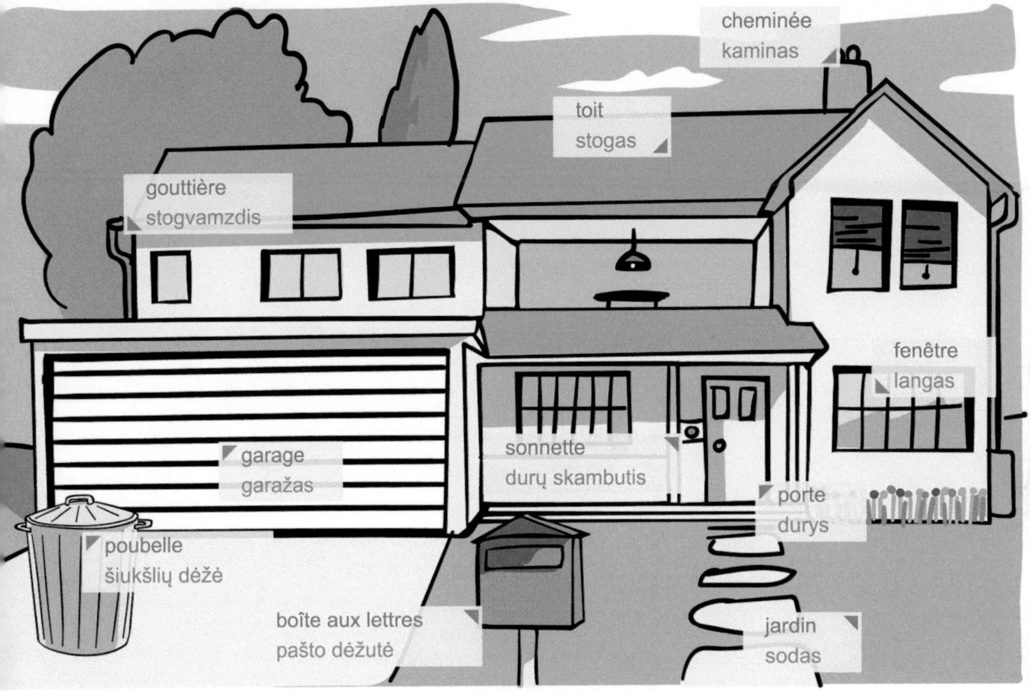
cheminée
kaminas
toit
stogas
gouttière
stogvamzdis
fenêtre
langas
garage
garažas
sonnette
durų skambutis
porte
durys
poubelle
šiukšlių dėžė
boîte aux lettres
pašto dėžutė
jardin
sodas

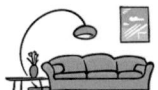

salon

svetainė

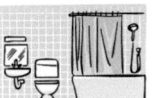

salle de bain

vonios kambarys

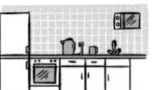

cuisine

virtuvė

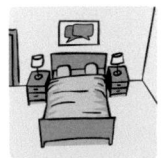

chambre à coucher

miegamasis

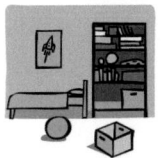

chambre d'enfant

vaiko kambarys

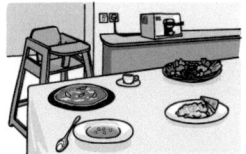

salle à manger

valgomasis

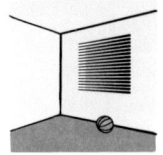

sol
grindys

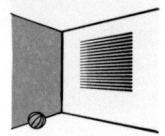

mur
siena

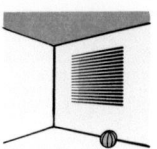

plafond
lubos

cave
rūsys

sauna
sauna

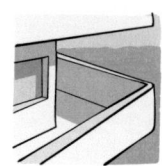

balcon
balkonas

terrasse
terasa

piscine
baseinas

tondeuse à gazon
žoliapjovė

housse
paklodė

couette
lovatiesė

lit
lova

balai
šluota

sceau
kibiras

interrupteur
jungiklis

salon
svetainė

papier peint
tapetai
image
nuotrauka
lampe
šviestuvas
étagère
lentyna
armoire
spintelė
télé
televizorius
cheminée
židinys
fleur
gėlė
coussin
pagalvėlė
sofa
sofa
vase
vaza
télécommande
nuotolinio valdymo pultelis

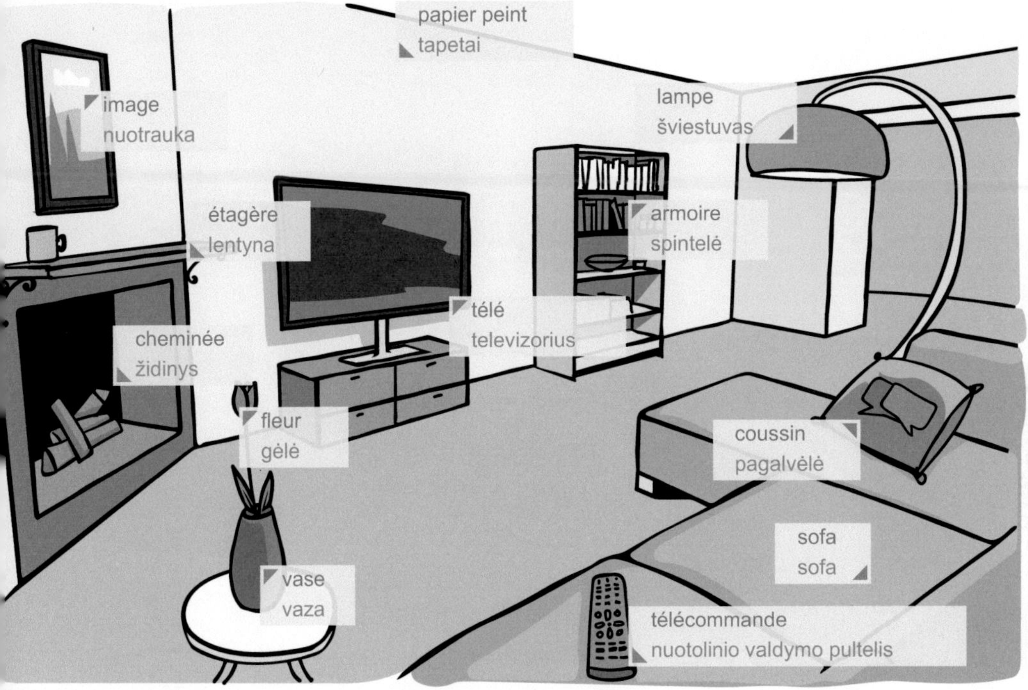

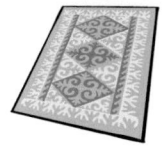

tapis
kilimas

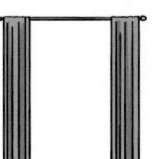

rideau
užuolaida

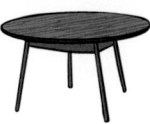

table
stalas

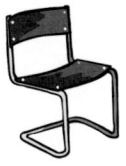

chaise
kėdė

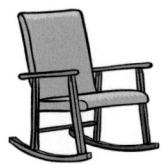

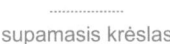

chaise à bascule
supamasis krėslas

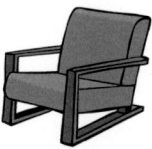

fauteuil
fotelis

livre

knyga

couverture

antklodė

décoration

papuošimai

bois de chauffage

malkos

film

filmas

chaîne hi-fi

stereo aparatūra

clé

raktas

journal

laikraštis

peinture

paveikslas

poster

plakatas

radio

radijas

bloc-notes

užrašų knygelė

aspirateur

dulkių siurblys

cactus

kaktusas

bougie

žvakė

cuisine
virtuvė

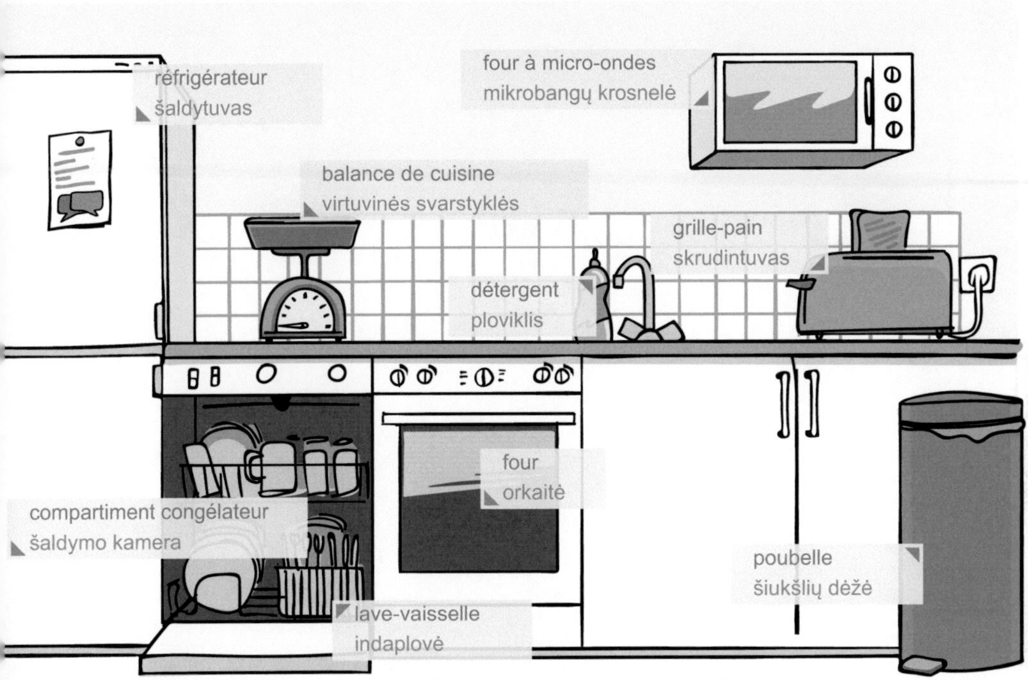
réfrigérateur
šaldytuvas
four à micro-ondes
mikrobangų krosnelė
balance de cuisine
virtuvinės svarstyklės
grille-pain
skrudintuvas
détergent
ploviklis
four
orkaitė
compartiment congélateur
šaldymo kamera
poubelle
šiukšlių dėžė
lave-vaisselle
indaplovė

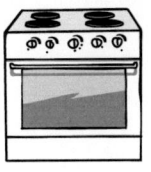

four

viryklė

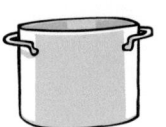

casserole

puodas

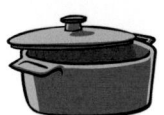

marmite

ketaus puodas

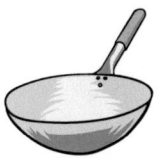

wok / kadai

„wok“ keptuvė

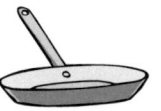

poêle

keptuvė

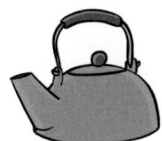

bouilloire electrique

virdulys

cuiseur vapeur

garų puodas

plaque de cuisson

kepimo skarda

vaisselle

porceliano indai

gobelet

puodelis

coupe

dubuo

baguettes

valgomosios lazdelės

louche

samtis

spatule

mentelė

fouet

plaktuvas

passoire

koštuvas

tamis

sietas

râpe

trintuvė

mortier

grūstuvė

barbecue

kepsninė

cheminée

atvira liepsna

planche à découper

pjaustymo lentelė

rouleau à pâtisserie

kočėlas

tire-bouchon

kamščiatraukis

boîte

skardinė

ouvre-boîte

skardinių atidarytuvas

maniques

puodkėlė

lavabo

kriauklė

brosse

šepetys

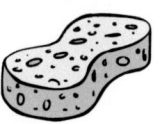

éponge

kempinė

mixeur

trintuvas

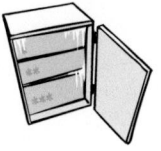

congélateur

šaldiklis

biberon

kūdikių buteliukas

robinet

čiaupas

salle de bain
vonios kambarys

chauffage
šildymas
douche
dušas
serviette
rankšluostis
rideau de douche
dušo užuolaidos
bain moussant
vonios putos
baignoire
vonia
verre
stiklinė
machine à laver
skalbimo mašina
robinet
čiaupas
carrelage
plytelės
pot
naktinis puodukas
lavabo
kriauklė

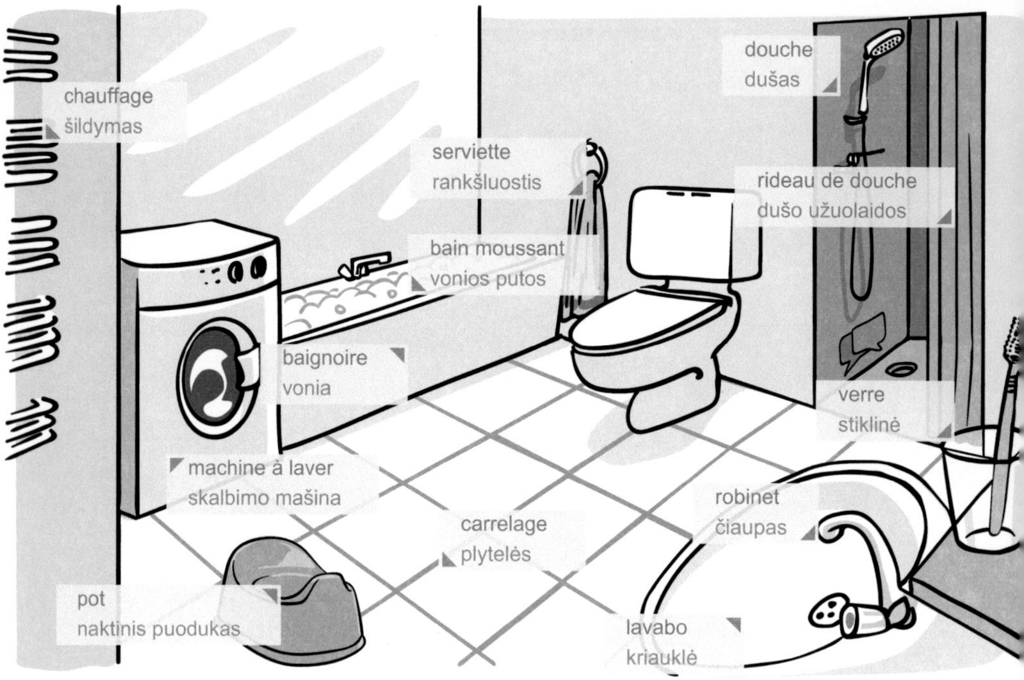

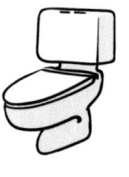

toilettes

unitazas

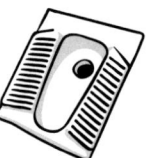

toilette à la turque

tupimasis unitazas

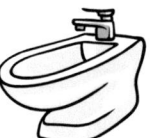

bidet

bidė

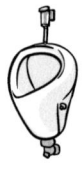

urinoir

pisuaras

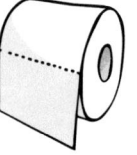

papier toilette

tualetinis popierius

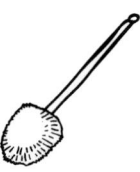

brosse à toilette

unitazo šepetys

brosse à dents

dantų šepetėlis

dentifrice

dantų pasta

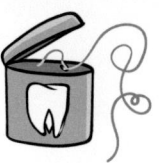

fil dentaire

dantų siūlas

laver

plauti

douche manuelle

dušo galvutė

douche intime

higieninis dušas

vasque

praustuvas

brosse dorsale

nugaros plaušinė

savon

muilas

gel douche

dušo želė

shampooing

šampūnas

gant de toilette

plaušinė

écoulement

kanalizacija

crème

kremas

déodorant

dezodorantas

miroir
veidrodis

miroir cosmétique
veidrodėlis

rasoir
skustuvas

mousse à raser
skutimosi putos

après-rasage
losjonas po skutimosi

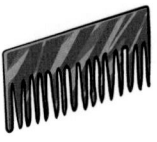

peigne
šukos

brosse
šepetys

sèche-cheveux
plaukų džiovintuvas

laque pour cheveux
plaukų lakas

fond de teint
makiažas

rouge à lèvres
lūpdažis

vernis à ongles
nagų lakas

ouate
vata

coupe-ongles
žirklutės nagams

parfum
kvepalai

trousse de toilette

maišelis skalbiniams

tabouret

taburetė

pèse-personne

svarstyklės

peignoir

chalatas

gants de nettoyage

guminės pirštinės

tampon

tamponas

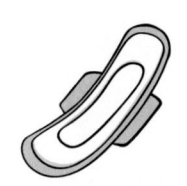

serviettes hygiéniques

higieninis įklotas

toilette chimique

biotualetas

chambre d'enfant

vaiko kambarys

réveil
žadintuvas
doudou
pliušinis žaislas
voiture jouet
žaislinė mašinėlė
hochet
barškutis
maison de poupée
lėlės namelis
cadeau
dovana

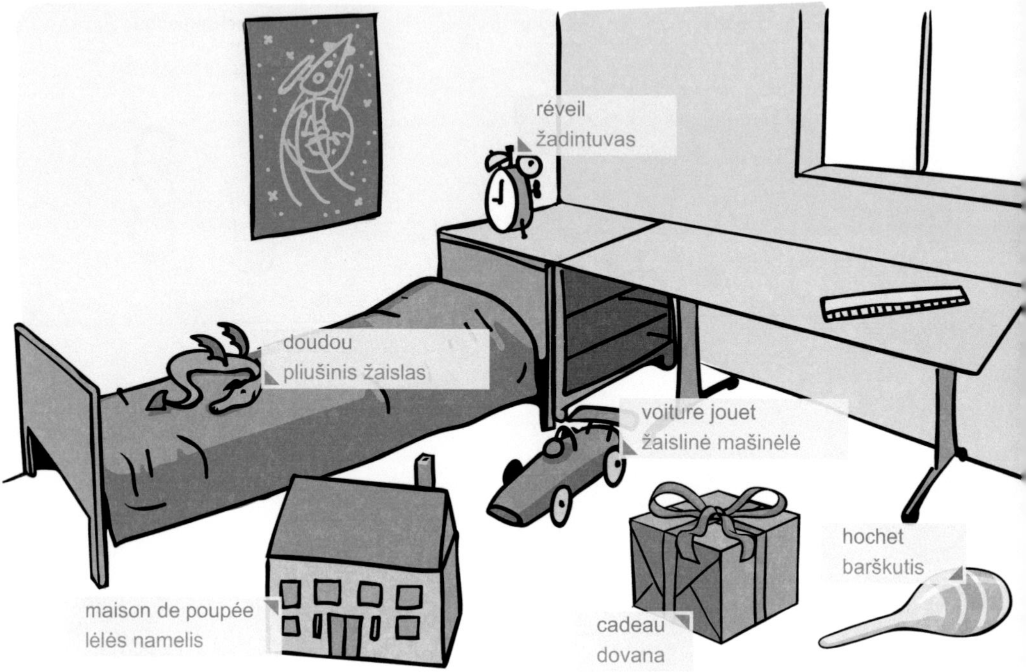

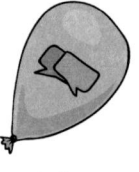

ballon

balionas

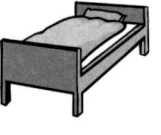

lit

lova

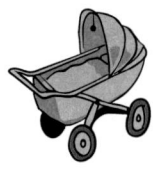

poussette

vaikiškas vežimėlis

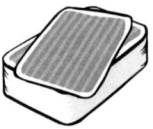

jeu de cartes

kortų malka

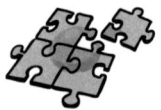

puzzle

delionė

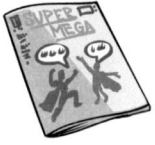

bande dessinée

komiksai

pièces lego

lego kaladėlės

blocs de construction

žaislinės kaladėlės

figurine

figūrėlė

grenouillère

šliaužtinukai

frisbee

mėtymo lėkštė

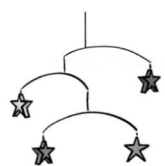

mobile

karuselė

jeu de société

stalo žaidimas

dé

kauliukai

train miniature

žaislinis traukinys

sucette

žindukas

fête

vakarėlis

livre d'images

paveiksliukų knygelė

balle

kamuolys

poupée

lėlė

jouer

žaisti

bac à sable

smėlio dėžė

balançoire

sūpynės

jouets

žaislai

console de jeu

žaidimų konsolė

tricycle

triratukas

ours en peluche

meškiukas

armoire

drabužių spinta

vêtements
drabužis

chaussettes

kojinės

bas

kojinės virš kelių

collant

pėdkelnės

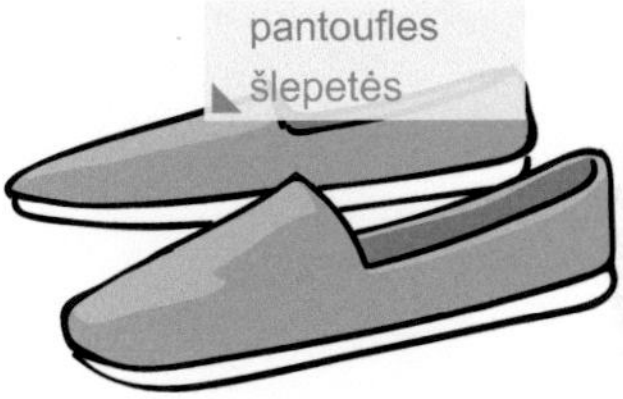

écharpe
šalikas

parapluie
skėtis

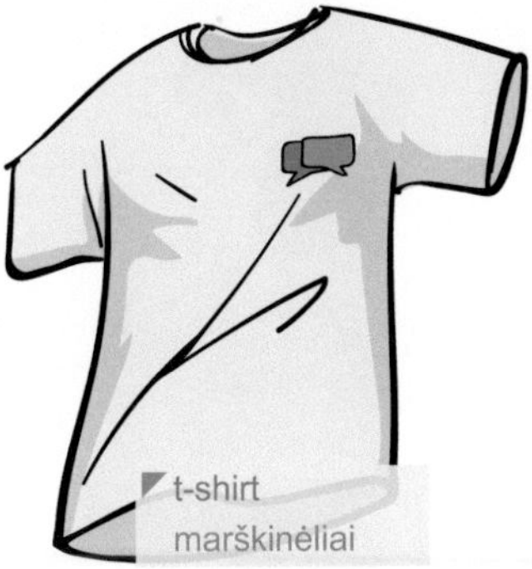

t-shirt
marškinėliai

ceinture
diržas

bottes
ilgaauliai batai

pantoufles
šlepetės

baskets
sportbačiai

sandales
sandalai

chaussures
batai

bottes de caoutchouc
guminiai batai

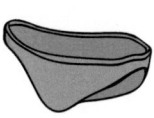

sous-vêtements
trumpikės

soutien-gorge
liemenėlė

maillot de corps
liemenė

body

glaustinukė

pantalon

kelnės

jean

džinsai

jupe

sijonas

chemisier

palaidinė

chemise

marškiniai

pull

megztinis

sweat à capuche

megztinis su gobtuvu

veste

švarkelis

veste

švarkas

manteau

paltas

imperméable

lietpaltis

costume

kostiumas

robe

suknelė

robe de mariée

vestuvinė suknelė

vêtements - drabužis

costume

kostiumas

chemise de nuit

naktiniai marškiniai

pyjama

pižama

sari

saris

foulard

skarelė

turban

tiurbanas

burqa

burka

caftan

kaftanas

abaya

abaja

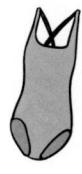

maillot de bain

maudymosi kostiumėlis

maillot de bain

glaudės

short

šortai

tenue d'entraînement

sportinis kostiumas

tablier

prijuostė

gants

pirštinės

bouton

saga

lunettes

akiniai

bracelet

apyrankė

collier

vėrinys

bague

žiedas

boucle d'oreille

auskaras

bonnet

kepurė

cintre

pakabas

chapeau

skrybėlė

cravate

kaklaraištis

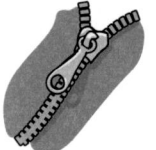

fermeture éclair

užtrauktukas

casque

šalmas

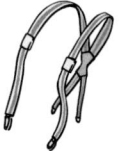

bretelles

breketai

uniforme scolaire

mokyklinė uniforma

uniforme

uniforma

bavoir

seilinukas

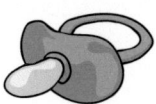

sucette

žindukas

lange

vystyklai

bureau

biuras

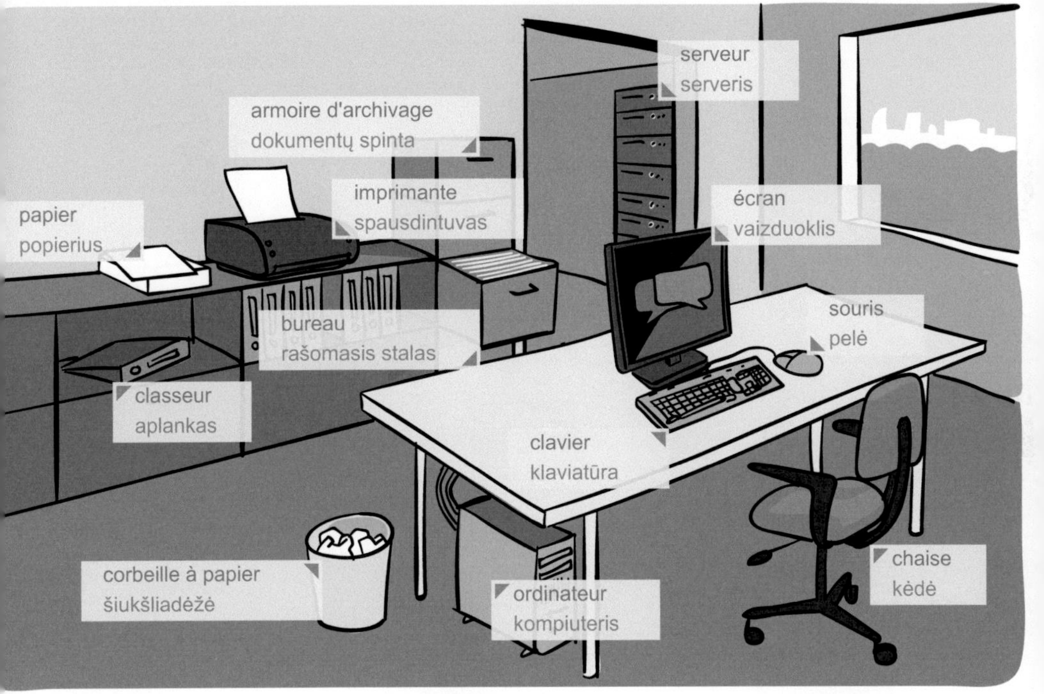

serveur
serveris

armoire d'archivage
dokumentų spinta

imprimante
spausdintuvas

écran
vaizduoklis

papier
popierius

bureau
rašomasis stalas

souris
pelė

classeur
aplankas

clavier
klaviatūra

corbeille à papier
šiukšliadėžė

ordinateur
kompiuteris

chaise
kėdė

tasse de café

kavos puodelis

calculatrice

kalkuliatorius

internet

internetas

ordinateur portable

nešiojamasis kompiuteris

lettre

laiškas

message

žinutė

portable

mobilusis telefonas

réseau

tinklas

photocopieuse

fotokopijavimo aparatas

logiciel

programinė įranga

téléphone

telefonas

prise

kištukinis lizdas

fax

faksas

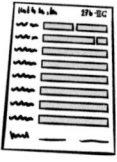

formulaire

forma

document

dokumentas

acheter
pirkti

payer
mokėti

faire du commerce
prekiauti

monnaie
pinigai

dollar
doleris

euro
euras

yen
jena

rouble
rublis

franc suisse
Šveicarijos frankas

renminbi yuan
juanis

roupie
rupija

distributeur automatique
bankomatas

bureau de change

valiutos keitykla

or

auksas

argent

sidabras

pétrole

nafta

énergie

energija

prix

kaina

contrat

sutartis

taxe

mokestis

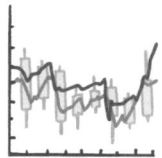

action

akcijos

travailler

dirbti

employé

darbuotojas

employeur

darbdavys

usine

gamykla

magasin

parduotuvė

professions
profesijos

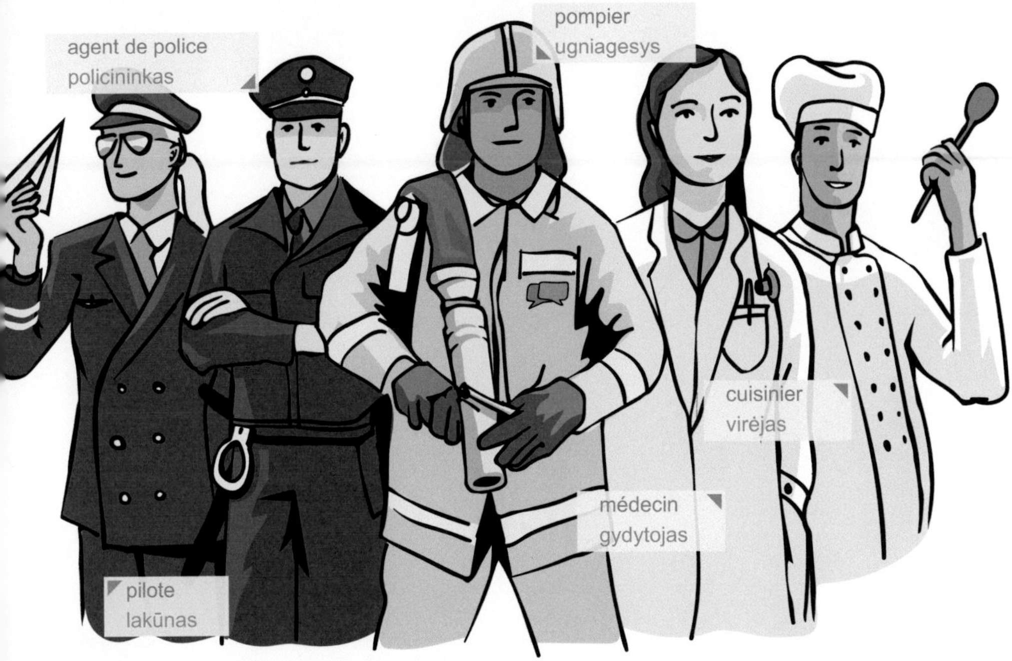

pompier
ugniagesys
agent de police
policininkas
cuisinier
virėjas
médecin
gydytojas
pilote
lakūnas

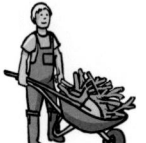

jardinier

sodininkas

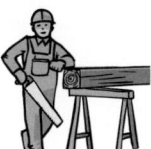

menuisier

stalius

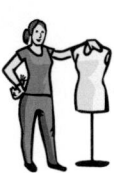

couturière

siuvėja

juge

teisėjas

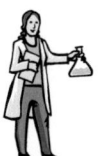

chimiste

chemikas

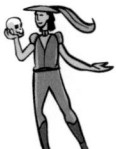

acteur

aktorius

conducteur de bus

autobuso vairuotojas

chauffeur de taxi

taksi vairuotojas

pêcheur

žvejys

femme de ménage

valytoja

couvreur

stogdengys

serveur

padavėjas

chasseur

medžiotojas

peintre

dailininkas

boulanger

kepėjas

électricien

elektrikas

ouvrier

statybininkas

ingénieur

inžinierius

boucher

mėsininkas

plombier

santechnikas

facteur

paštininkas

soldat

kareivis

architecte

architektas

caissier

kasininkas

fleuriste

gėlininkas

coiffeur

kirpėjas

contrôleur

konduktorius

mécanicien

mechanikas

capitaine

kapitonas

dentiste

odontologas

scientifique

mokslininkas

rabbin

rabinas

imam

imamas

moine

vienuolis

prêtre

kunigas

outils

įrankiai

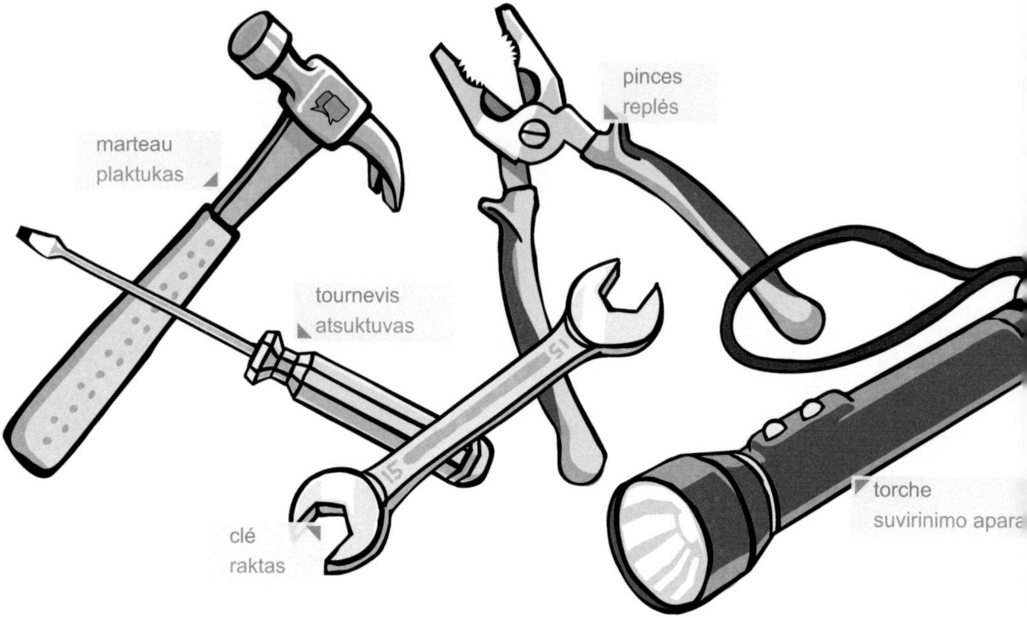

marteau
plaktukas
pinces
replės
tournevis
atsuktuvas
clé
raktas
torche
suvirinimo apara

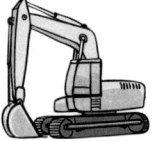

pelleteuse

ekskavatorius

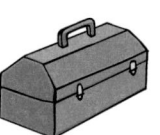

boîte à outils

įrankių dėžė

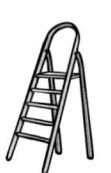

échelle

kopėčios

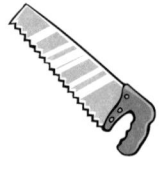

scie

pjūklas

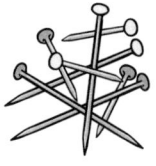

clous

vinys

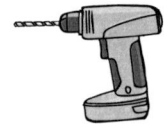

perceuse

grąžtas

réparer

taisyti

pelle

kastuvas

Mince !

Velniava!

pelle

semtuvėlis

pot de peinture

dažų skardinė

vis

varžtai

instruments de musique
muzikos instrumentai

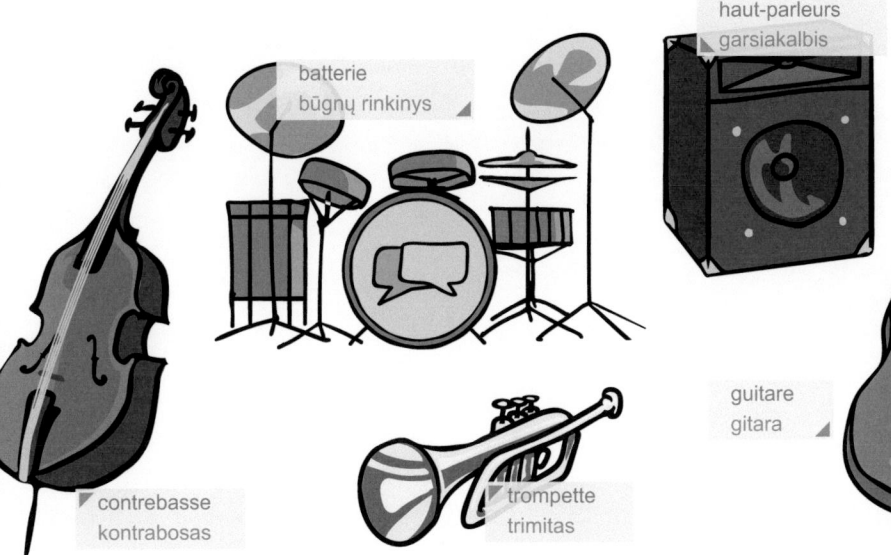

haut-parleurs
garsiakalbis

batterie
būgnų rinkinys

guitare
gitara

contrebasse
kontrabosas

trompette
trimitas

piano

pianinas

violon

smuikas

basse

bosinė gitara

timbales

timpanas

tambour

būgnai

piano électrique

sintezatorius

saxophone

saksofonas

flûte

fleita

microphone

mikrofonas

instruments de musique - muzikos instrumentai

entrée
įėjimas

tigre
tigras

cage
narvas

zèbre
zebras

alimentation animale
gyvūnų pašaras

panda
panda

animaux
gyvūnai

éléphant
dramblys

kangourou
kengūra

rhinocéros
raganosis

gorille
gorila

ours
meška

chameau

kupranugaris

autruche

strutis

lion

liūtas

singe

beždžionė

flamand rose

flamingas

perroquet

papūga

ours polaire

baltoji meška

pingouin

pingvinas

requin

ryklys

paon

povas

serpent

gyvatė

crocodile

krokodilas

gardien de zoo

zoologijos sodo prižiūrėtojas

phoque

ruonis

jaguar

jaguaras

poney

ponis

léopard

leopardas

hippopotame

begemotas

girafe

žirafa

aigle

erelis

sanglier

šernas

poisson

žuvis

tortue

vėžlys

morse

vėplys

renard

lapė

gazelle

gazelė

american Football
amerikietiškas futbolas

cyclisme
dviračių sportas

tennis
tenisas

basket-ball
krepšinis

natation
plaukimas

boxe
boksas

hockey sur glace
ledo ritulys

football
futbolas

badminton
badmintonas

athlétisme
atletika

handball
rankinis

ski
slidinėjimas

polo
polas

activités
užsiėmimai

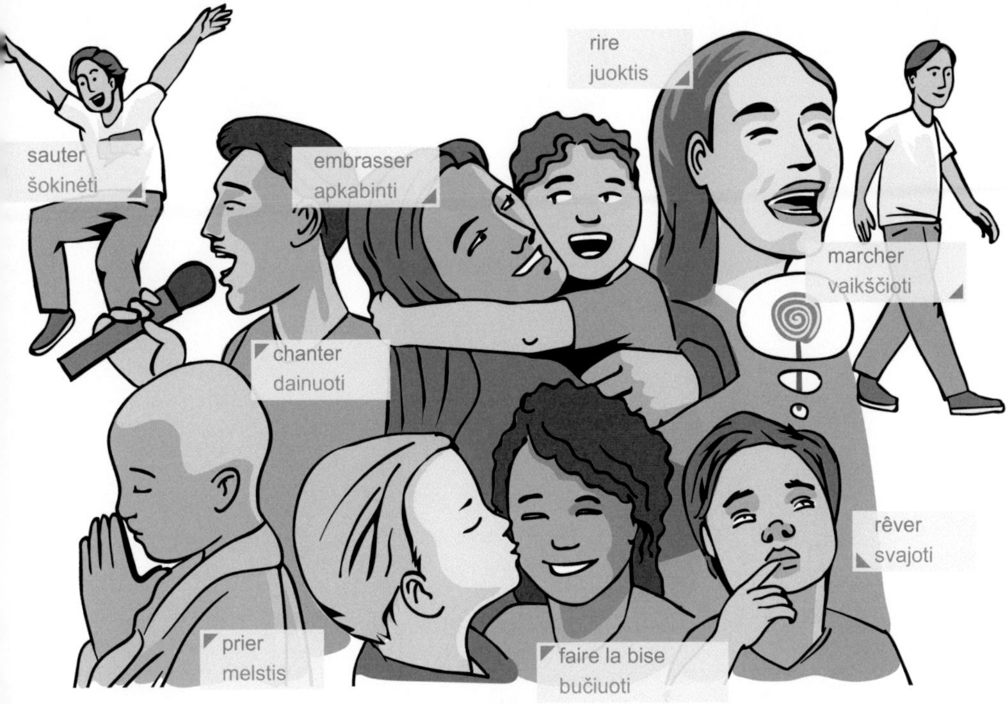

sauter
šokinėti
embrasser
apkabinti
rire
juoktis
marcher
vaikščioti
chanter
dainuoti
rêver
svajoti
prier
melstis
faire la bise
bučiuoti

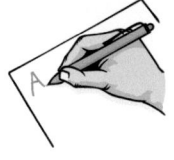

écrire

rašyti

dessiner

piešti

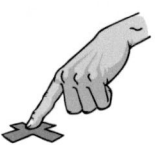

montrer

rodyti

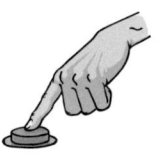

pousser

stumti

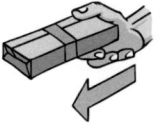

donner

duoti

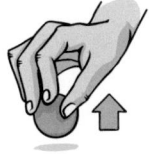

prendre

imti

avoir

turėti

faire

daryti

être

būti

être debout

stovėti

courir

bėgti

trier

traukti

jeter

mesti

tomber

kristi

être couché

meluoti

attendre

laukti

porter

nešti

être assis

sėdėti

s'habiller

rengtis

dormir

miegoti

se réveiller

pabusti

regarder

žiūrėti

pleurer

verkti

caresser

glostyti

peigner

šukuoti

parler

kalbėti

comprendre

suprasti

demander

paklausti

écouter

klausytis

boire

gerti

manger

valgyti

ranger

tvarkytis

aimer

mylėti

cuire

gaminti

conduire

vairuoti

voler

skristi

faire de la voile

buriuoti

calculer

skaičiuoti

lire

skaityti

apprendre

mokytis

travailler

dirbti

se marier

vesti

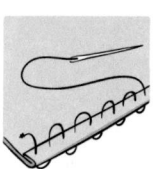

coudre

siūti

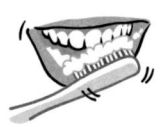

brosser les dents

valytis dantis

tuer

žudyti

fumer

rūkyti

envoyer

siųsti

famille

šeima

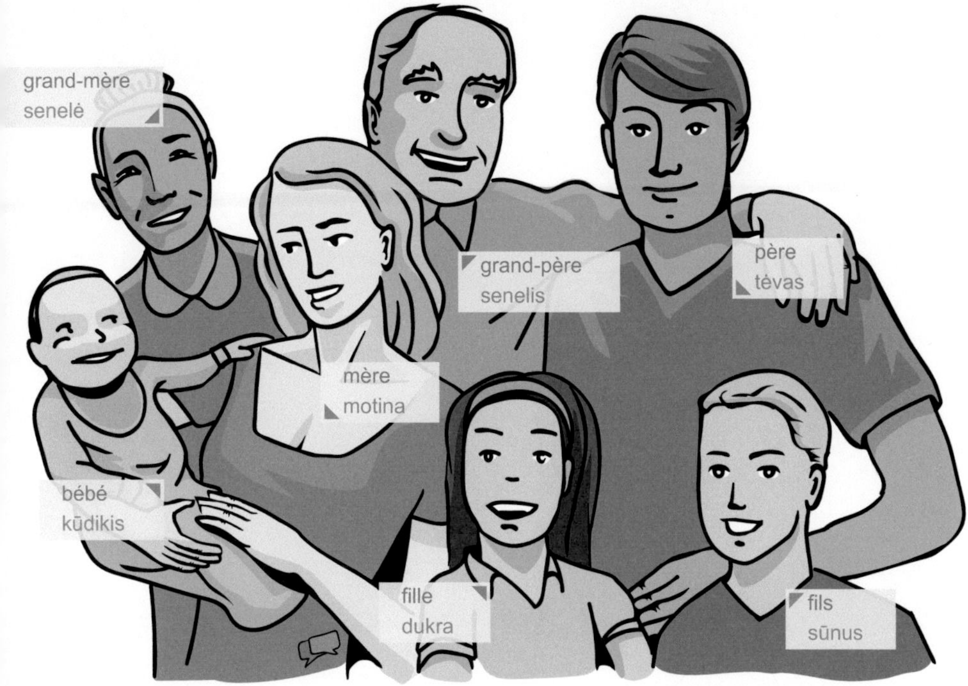
grand-mère
senelė
grand-père
senelis
père
tėvas
mère
motina
bébé
kūdikis
fille
dukra
fils
sūnus

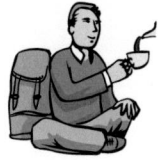

hôte
svečias

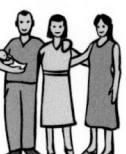

tante
teta

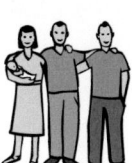

oncle
dėdė

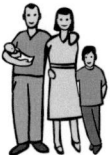

frère
brolis

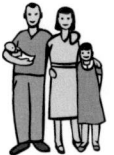

sœur
sesuo

corps

kūnas

front
kakta
œil
akis
épaule
petys
doigt
pirštas
visage
veidas
menton
smakras
main
plaštaka
jambe
koja
poitrine
krūtinė
bras
ranka

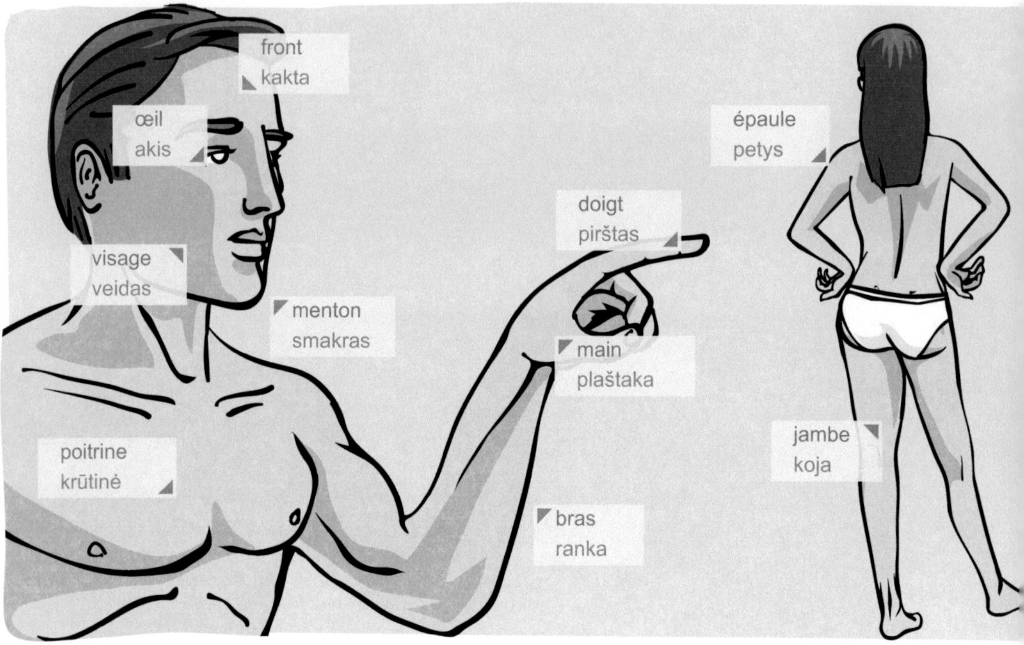

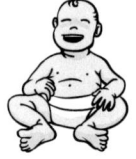

bébé

kūdikis

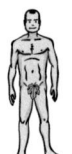

homme

vyras

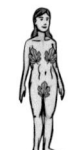

femme

moteris

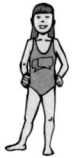

fille

mergaitė

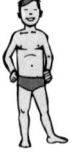

garçon

berniukas

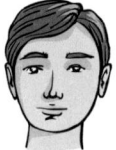

tête

galva

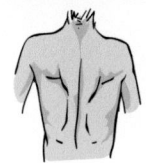

dos
nugara

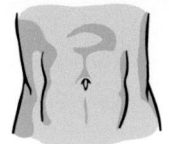

ventre
pilvas

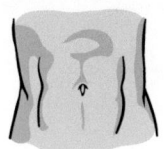

nombril
bamba

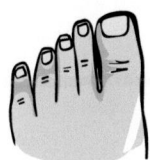

orteil
kojos pirštas

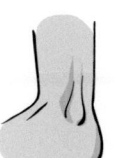

talon
kulnas

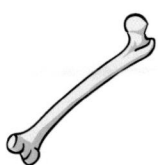

os
kaulas

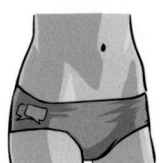

hanche
klubas

genou
kelis

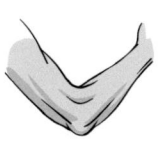

coude
alkūnė

nez
nosis

fesses
sėdmenys

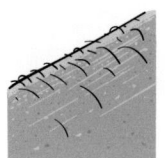

peau
oda

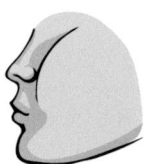

joue
skruostas

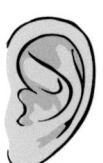

oreille
ausis

lèvre
lūpa

corps - kūnas   69

bouche

burna

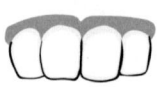

dent

dantis

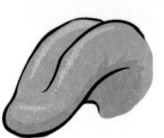

langue

liežuvis

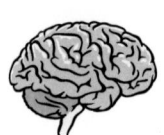

cerveau

smegenys

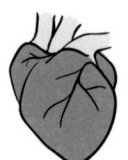

cœur

širdis

muscle

raumuo

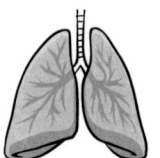

poumons

plaučiai

foie

kepenys

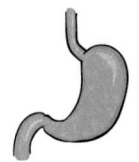

estomac

skrandis

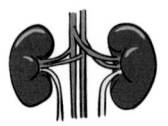

reins

inkstai

rapport sexuel

seksas

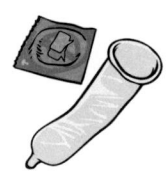

préservatif

prezervatyvas

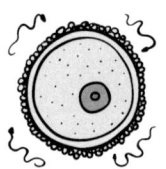

ovule

kiaušialąstė

sperme

sperma

grossesse

nėštumas

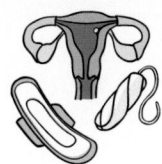

menstruation

menstruacijos

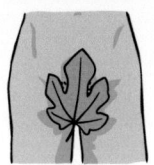

vagin

makštis

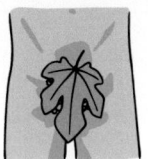

pénis

varpa

sourcil

antakis

cheveux

plaukai

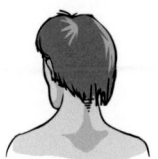

cou

kaklas

hôpital
ligoninė

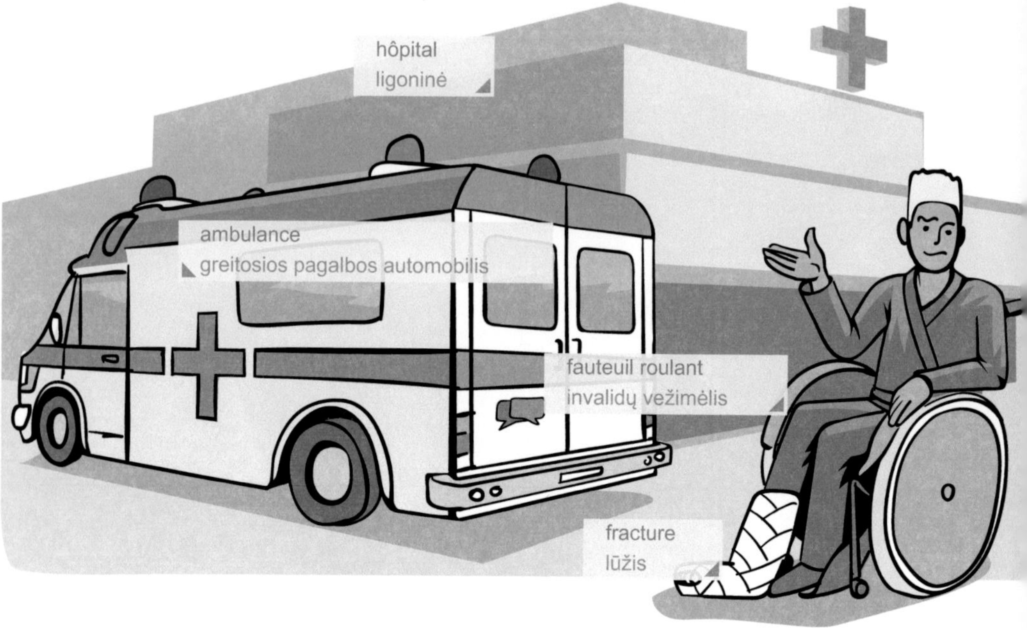

hôpital
ligoninė
ambulance
greitosios pagalbos automobilis
fauteuil roulant
invalidų vežimėlis
fracture
lūžis

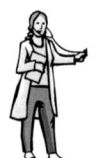

médecin

gydytojas

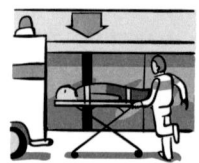

service des urgences

skubios pagalbos skyrius

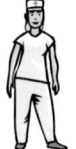

infirmière

slaugytoja

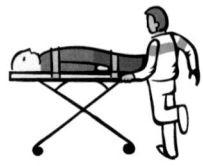

urgence

nelaimingas atsitikimas

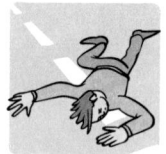

inconscient

be sąmonės

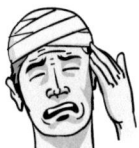

douleur

skausmas

blessure

sužalojimas

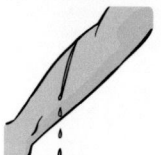

hémorragie

kraujavimas

crise cardiaque

širdies smūgis

attaque cérébrale

insultas

allergie

alergija

toux

kosulys

fièvre

karščiavimas

grippe

gripas

diarrhée

viduriavimas

mal de tête

galvos skausmas

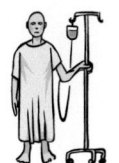

cancer

vėžys

diabète

diabetas

chirurgien

chirurgas

scalpel

skalpelis

opération

operacija

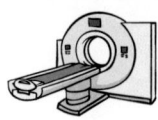	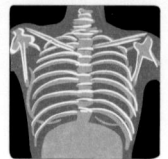	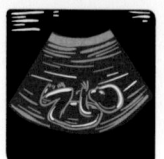
CT	radiographie	échographie
KT	rentgenas	ultragarsas

masque	maladie	salle d'attente
veido kaukė	liga	laukiamasis
	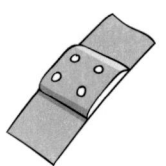	
béquille	pansement	pansement
ramentas	gipsas	tvarstis
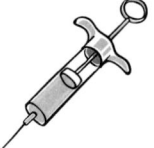	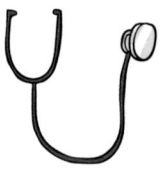	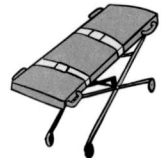
injection	stéthoscope	brancard
injekcija	stetoskopas	neštuvai

thermomètre	accouchement	surcharge pondérale
termometras	gimimas	antsvoris

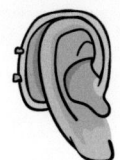

appareil auditif

klausos aparatas

désinfectant

dezinfekavimo priemonė

infection

infekcija

virus

virusas

VIH / sida

ŽIV / AIDS

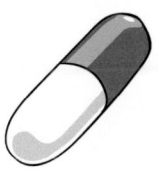

médicament

vaistas

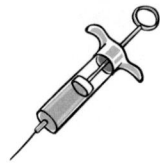

vaccination

skiepijimas

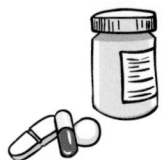

comprimés

tabletės

pilule

piliulė

appel d'urgence

skubios pagalbos numeris

tensiomètre

kraujospūdžio matuoklis

malade / sain

ligotas / sveikas

Au secours !

Padėkite!

alarme

pavojaus signalas

assaut

užpuolimas

attaque

ataka

danger

pavojus

sortie de secours

avarinis išėjimas

Au feu!

Gaisras!

extincteur

gesintuvas

accident

nelaimingas atsitikimas

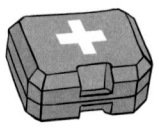

trousse de premier secours

pirmosios pagalbos rinkinys

SOS

SOS

police

policija

Europe

Europa

Amérique du Nord

Šiaurės Amerika

Amérique du Sud

Pietų Amerika

Afrique

Afrika

Asie

Azija

Australie

Australija

Océan atlantique

Atlanto vandenynas

Océan pacifique

Ramusis vandenynas

Océan indien

Indijos vandenynas

Océan antarctique

Pietų vandenynas

Océan arctique

Arkties vandenynas

pôle nord

Šiaurės ašigalis

pôle sud

Pietų ašigalis

Antarctique

Antarktida

terre

Žemė

pays

sausuma

mer

jūra

île

sala

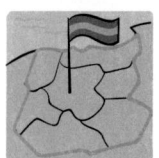

nation

tauta

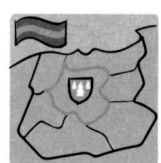

état

valstybė

cadran

ciferblatas

aiguille des heures

valandinė rodyklė

aiguille des minutes

minutinė rodyklė

aiguille des secondes

sekundinė rodyklė

Quelle heure est-il ?

Kiek valandų?

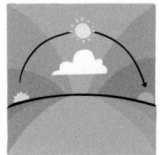

jour

diena

temps

laikas

maintenant

dabar

montre digitale

skaitmeninis laikrodis

minute

minutė

heure

valanda

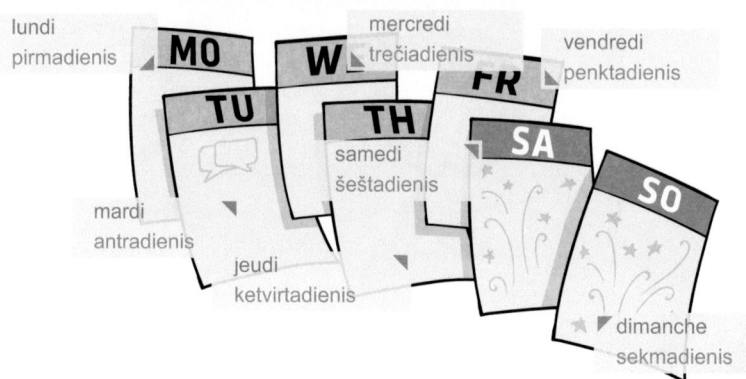

lundi
pirmadienis

mercredi
trečiadienis

vendredi
penktadienis

samedi
šeštadienis

mardi
antradienis

jeudi
ketvirtadienis

dimanche
sekmadienis

hier

vakar

aujourd'hui

šiandien

demain

rytoj

matin

rytas

midi

vidurdienis

soir

vakaras

MO	TU	WE	TH	FR	SA	SU
1	2	3	4	5	6	7
8	9	10	11	12	13	14
15	16	17	18	19	20	21
22	23	24	25	26	27	28
29	30	31	1	2	3	4

jours ouvrables

darbo dienos

MO	TU	WE	TH	FR	SA	SU
1	2	3	4	5	6	7
8	9	10	11	12	13	14
15	16	17	18	19	20	21
22	23	24	25	26	27	28
29	30	31	1	2	3	4

week-end

savaitgalis

pluie
lietus

arc-en-ciel
vaivorykštė

vent
vėjas

neige
sniegas

printemps
pavasaris

été
vasara

automne
ruduo

hiver
žiema

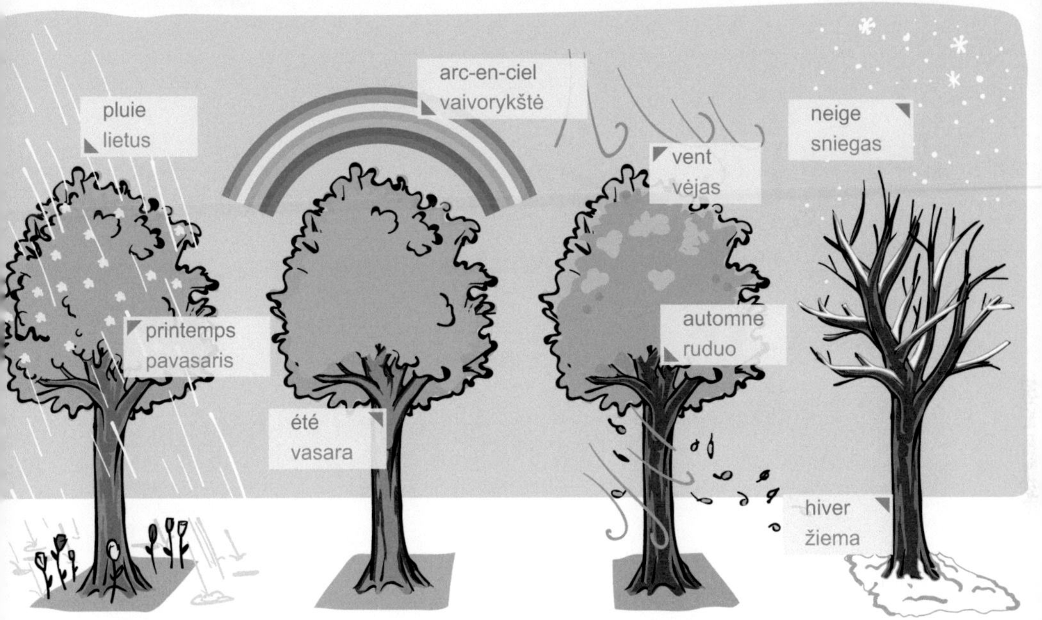

météo

orų prognozė

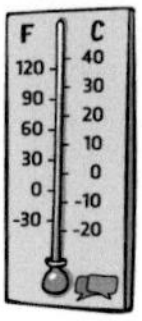

thermomètre

lauko termometras

lumière du soleil

saulės šviesa

nuage

debesis

brouillard

rūkas

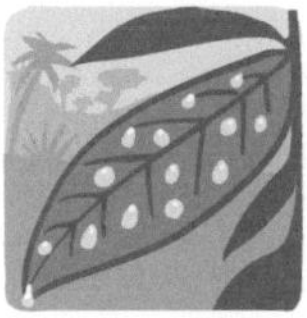

humidité

drėgmė

foudre

žaibas

tonnerre

griaustinis

tempête

audra

grêle

kruša

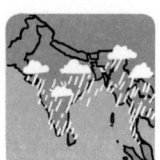

mousson

musonas

inondation

potvynis

glace

ledas

janvier

sausis

février

vasaris

mars

kovas

avril

balandis

mai

gegužė

juin

birželis

juillet

liepa

août

rugpjūtis

septembre

rugsėjis

octobre

spalis

novembre

lapkritis

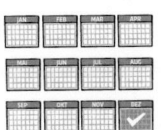

décembre

gruodis

formes
formos

cercle

apskritimas

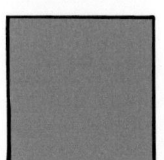

carré

kvadratas

rectangle

stačiakampis

triangle

trikampis

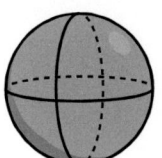

sphère

sfera

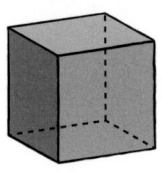

cube

kubas

blanc

balta

jaune

geltona

orange

oranžinė

rose

rožinė

rouge

raudona

violet

violetinė

bleu

mėlyna

vert

žalia

marron

ruda

gris

pilka

noir

juoda

beaucoup / peu

daug / mažai

fâché / calme

piktas / ramus

joli / laid

gražus / bjaurus

début / fin

pradžia / pabaiga

grand / petit

didelis / mažas

clair / obscure

šviesus / tamsus

frère / soeur

brolis / sesuo

propre / sale

švarus / purvinas

complet / incomplet

užbaigtas / neužbaigtas

jour / nuit

diena / naktis

mort / vivant

miręs / gyvas

large / étroit

platus / siauras

comestible / incomestible

valgomas / nevalgomas

méchant / gentil

piktas / malonus

excité / ennuyé

linksmas / nuobodus

gros / mince

storas / plonas

premier / dernier

pirmiausia / paskiausia

ami / ennemi

draugas / priešas

plein / vide

pilnas / tuščias

dur / souple

kietas / minkštas

lourd / léger

sunkus / lengvas

faim / soif

alkis / troškulys

malade / sain

ligotas / sveikas

illégal / légal

nelegalus / legalus

intelligent / stupide

protingas / kvailas

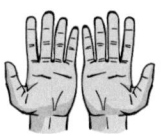

gauche / droite

kairė / dešinė

proche / loin

arti / toli

nouveau / usé

naujas / naudotas

rien / quelque chose

niekas / kažkas

vieux / jeune

senas / jaunas

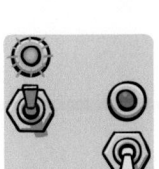

marche / arrêt

įjungta / išjungta

ouvert / fermé

atidaryta / uždaryta

faible / fort

tylus / garsus

riche / pauvre

turtingas / vargšas

correct / incorrect

teisus / neteisus

rugueux / lisse

šiurkštus / švelnus

triste / heureux

liūdnas / laimingas

court / long

trumpas / ilgas

lent / rapide

létas / greitas

mouillé / sec

drégnas / sausas

chaud / froid

šiltas / šaltas

guerre / paix

karas / taika

0
zéro
nulis

1
un / une
vienas

2
deux
du

3
trois
trys

4
quatre
keturi

5
cinq
penki

6
six
šeši

7
sept
septyni

8
huit
aštuoni

9
neuf
devyni

10
dix
dešimt

11
onze
vienuolika

12
douze
dvylika

13
treize
trylika

14
quatorze
keturiolika

15
quinze
penkiolika

16
seize
šešiolika

17
dix-sept
septyniolika

18
dix-huit
aštuoniolika

19
dix-neuf
devyniolika

20
vingt
dvidešimt

100
cent
šimtas

1.000
mille
tūkstantis

1.000.000
million
milijonas

anglais

anglų

anglais américain

amerikiečių anglų

chinois mandarin

kinų (mandarinų)

hindi

hindi

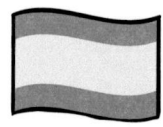

espagnol

ispanų

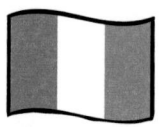

français

prancūzų

arabe

arabų

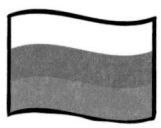

russe

rusų

portugais

portugalų

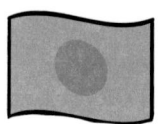

bengali

bengalų

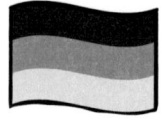

allemand

vokiečių

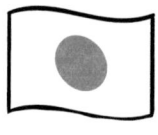

japonais

japonų

je

aš

tu

tu

il / elle / ce, c', cela

jis / ji

nous

mes

vous

jūs

ils / elles

jie

Qui ?

kas?

Quoi ?

ką?

Comment ?

kaip?

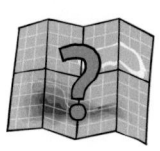

Où ?

kur?

Quand ?

kada?

nom

vardas

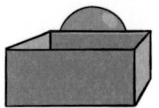

derrière

už

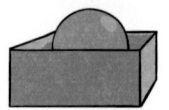

dans

kur (vieta)

devant

priešais

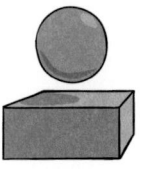

au-dessus

virš

sur

ant

en-dessous

po

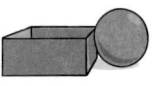

à côté de

prie

entre

tarp

lieu

vieta